www.ingramcontent.com/pod-product-compliance
Lightning Source LLC
LaVergne TN
LVHW021305080526
838199LV00090B/6160
* 9 7 8 9 3 6 9 0 8 1 6 5 3 *

للکار

(چینی جارحیت کے خلاف نظمیں)

مرتبہ:

علی احمد جلیلی

© Taemeer Publications LLC

Lalkaar *(Urdu patriotic poems)*
by: Ali Ahmed Jalili
Edition: December '2024
Publisher :
Taemeer Publications LLC (Michigan, USA / Hyderabad, India)

ISBN 978-93-6908-165-3

9 789369 081653

مرتب یا ناشر کی پیشگی اجازت کے بغیر اس کتاب کا کوئی بھی حصہ کسی بھی شکل میں بشمول ویب سائٹ پر اَپ لوڈنگ کے لیے استعمال نہ کیا جائے۔ نیز اس کتاب پر کسی بھی قسم کے تنازع کو نمٹانے کا اختیار صرف حیدرآباد (تلنگانہ) کی عدلیہ کو ہوگا۔

© تعمیر پبلی کیشنز

کتاب	:	**للکار** (نظمیں)
مرتب	:	**علی احمد جلیلی**
صنف	:	احتجاجی شاعری
ناشر	:	تعمیر پبلی کیشنز (حیدرآباد، انڈیا)
سالِ اشاعت	:	۲۰۲۴ء
صفحات	:	۳۶
سرورق ڈیزائن	:	تعمیر ویب ڈیزائن

للکار

زیرِ سرپرستی

شری کے بسدی لنگپا صدر انجمن ترقی اُردو
ضلع محبوب نگر

★

ترتیب دینے والے

علی احمد عملی جلیلی

نعیم القادری

عبدالعزیز عزیز

نصرت فاروقی

انجمن ترقی اُردو ضلع محبوب نگر

لکھنے والے:

پیام	۳
پیش لفظ	۵
بھڑکتے شعلے	
علی احمد عملی جلیلی	۹
عبدالرزاق خاں صولت	۱۱
نعیم القادری	۱۲
محمد عبدالواسع واسع عشقی	۱۳
عبدالحبیب عیاںؔ	۱۴
دامودر ذکی ٹھاکور (کورنگل)	۱۵
قمر بہرامی	۱۶
محمد عبدالعزیز عزیز	۱۷
محبوب علی نصرت فاروقی	۱۸
قاری محمد عبدالکریم تسکین	۱۹
محمد عبدالرحمٰن آواز	۲۰

احمد عبدالحمید خان حمید ۲۱
محمد یعقوب یعقوب (ناگرکرنول) ۲۲
فاروق راہی (ناگرکرنول) ۲۳

دبی چنگاریاں

صادق علی فریدی ۲۶
سید قطب الدین سرشار ۲۷
سید حلیم الدین احمد بابر ۲۸
محمد محسن علی محسن ۲۸
ابراہیم علی خلیل ۲۹
عبدالحی اقبال ۲۹
سراج الدین سراج ۳۰
محمد عمر منعم ۳۰
محمد سلطان شاہد ۳۱
سید اکرام علی ساحل ۳۱
محمد غوث قہر ۳۲
عبدالرحیم خان اطہر ۳۲

پیام

جناب غلام دستگیر قریشی آئی۔ اے۔ یس
چیرمن ڈسٹرکٹ ڈیفنس کمیٹی وکلکٹر ضلع

انجمن ترقی اُردو ضلع محبوب نگر کے چند اراکین جناب علی جلیلی جناب نصرت فاروقی وجناب عبدالعزیز عزیز نے مجھ سے مل کر یہ خواہش کی ہے کہ چینی جارحیت کے خلاف زیرِ طبع نظموں کے مجموعہ للکار کے لیے میں اپنا پیام دوں۔ بہتر ہوتا اگر یہ خواہش کسی ادبی وعلمی شخصیت رکھنے والی موزوں ہستی سے کی جاتی لیکن چونکہ

قرعۂ فال بنامِ منِ دیوانہ زدند

مجھے مجبور ہو کر قلم اٹھانا ہی پڑا۔

سخنورانِ محبوب نگر کی کاوشوں کا یہ نچوڑ انجمن ترقی اُردو کا اہم کارنامہ ہے، وہ تمام حضرات جنہوں نے اس کی ترتیب واشاعت میں حصہ لیا ہے لائقِ مبارکباد ہیں، بالخصوص شری کے بسدی لنگیا صدر کانگریس محبوب نگر پردیش جو باوجود گوناگوں مصروفیات کے اتنا وقت نکال لیتے ہیں کہ انجمن کی صدارت وخدمت بھی کر سکیں۔ نہ صرف یہ بلکہ میری اطلاع کے مطابق ادارہ کے امور میں کافی اور گہری دلچسپی لیتے ہیں۔

ضلع محبوب نگر کے شعراء نے جس خلوص اور درد سے اپنے جذبات کا اظہار کیا ہے وہ "للکار" کے ہر شعر سے نمایاں ہے۔ ہمارے ان شعراء کے دلوں میں جو جوش پوشیدہ تھا اور جو صداقت پنہاں تھی آج چینی حملہ نے جیسے انہیں اچانک اُبھاگر کر کے رکھ دیا ہے۔ ان کی آواز محبوب نگر کے گوشے گوشے سے للکار بن کر اُٹھی ہے اور یہاں کے نوجوانوں میں ایک نیا جوش پیدا کر دیا ہے۔ آج یہ سب کے سب بلا لحاظ

مذہب وملت" احساسِ تفریق" کو بھلا کر قومی یکجہتی کو للکار رہے ہیں جیسا کہ واسع عشقی نے کہا ہے:

عیسائی ہوں کہ سکھ ہوں ہندو ہوں یا مسلماں ہندوستاں کے دل ہیں ہندوستاں کی جاں ہیں

اور جناب علی جلیلی نے اپنی حب الوطنی کا اظہار جس زریں شعر میں کیا ہے اُس نے مجھ پر خاص اثر کیا ہے۔ مجھے یقین ہے کہ دیگر اربابِ ذوق بھی مجھ سے اتفاق فرمائیں گے، انھوں نے لکھا ہے:

اپنے گلشن کی ہم اک چیز نہ چُھٹنے دیں گے
پھول تو پھول ہیں کانٹے بھی نہ لٹنے دیں گے

مختصر یہ کہ للکار ایک ایسا حسین گلدستہ ہے جس کو رنگا رنگ خوشبودار پھولوں سے سجایا گیا ہے اور یہ اندازہ لگانا مشکل ہے کہ کونسا پھول کس سے بہتر ہے۔ میں ان شعراء کے جذبات کی قدر کرتا ہوں اور مبارکباد دیتا ہوں۔

میری تمنا ہے کہ ان کے کلام کی آواز نہ صرف "اہلِ نظر" کے کانوں تک پہنچے بلکہ ہمارے دیہی بھائیوں کے لہو کو بھی گرما دے اور ان میں یہ احساس پیدا ہو جائے کہ

روکے سے مرا جوشِ وفا رک نہیں سکتا
گردن مری کٹ سکتی ہے سر جھک نہیں سکتا (وجد)

آج کے دن بقول میرے دوست سلیمان خطیب، نہ صرف میری بلکہ ہم سب کی دعا ہے کہ

ہمالہ کی چاندی پگھلتی رہے
مرے گھر میں گنگا ابلتی رہے
یہ گوتم کی گاندھی کی پیاری زمیں
ہمیشہ جواہر اگلتی رہے

کلکٹر لاج۔ محبوب نگر
۲۶ رجنوری ۱۹۶۳ء

پیش لفظ

آج ہر ہندوستانی اپنے ملک پر ہونے والے چینی حملہ سے گہری فکر اور ذہنی الجھن میں مبتلا ہے جس زمین پر اور جس زمین کے لیے آج جنگ چھڑ گئی ہے اس پر ہمارے قبضہ کی گواہ تاریخ ہے اس کے باوجود چین نے پُرامن حل کی راہ چھوڑ کر اچانک اپنے اُس دوست ملک پر حملہ کر بیٹھا جس سے اُس کا پنچ شیل کا ناتا تھا جس نے اس کی نئی حکومت کو سب سے پہلے تسلیم کیا ـــــ جس نے بین الاقوامی سطح پر ہمیشہ ان کی حمایت کی اور ـــــ جس سے اُن کی دوستی کی تاریخ دو ہزار سال سے کم پرانی نہیں۔

موجودہ لمحات ہمارے لیے سخت امتحان کے ہیں۔ ہمیں ایک طویل جنگ کے لیے تیار ہونا ہے۔ ہمارے سپاہی کسی سے کم نہیں لیکن آج کی لڑائی صرف فوج نہیں لڑتی پورا ملک لڑتا ہے، پوری قوم لڑتی ہے۔ سماج کا ایک ایک فرد خواہ وہ کسان ہو، کلرک ہو، ڈاکٹر ہو، انجینئر ہو، ادیب ہو یا شاعر ہو کسی نہ کسی صورت میں ملک کا سپاہی ہے۔

آج ملک کے گوشے گوشے سے جو آواز اُٹھ رہی ہے، ایک شاعر سے زیادہ اور کون اُس میں جان ڈال سکتا ہے۔ ملک بھر میں اہلِ قلم حضرات کی جانب سے چین کی امن دشمنی کے خلاف صحت مند خیالات کا اظہار کیا جا رہا ہے۔ ہم ان جذبات کی عزت کرتے ہیں۔ ہمارے شاعر ان احساسات کی تصویریں کھینچ رہے ہیں انہیں رنگ روپ دے رہے ہیں ملک کے ناقابلِ شکست جذبہ کا نغمہ ان کے ہونٹوں پر مچل اٹھا ہے، ان کے شعروں سے پھوٹ بہا ہے ان نغموں میں ہمارے وطن کا غرور، ہمارا آرٹ، ہماری تہذیب، ہمارا تمدن اور ہمارا مستقبل غرض سب کچھ ہے۔

آج کا شاعر یہ سمجھ چکا ہے کہ ایک عام شہری کے روپ میں اُسے جس پس منظر میں سماج کے

اسٹیج پر آنا اور کام کرنا ہے اس کے علاوہ ایک شاعر کے روپ میں بھی اُسے اپنا فرض نبھانا ہے۔ ہندوستان کا شاعر سدا اپنی جذبات نگاری کے لیے پُر امید دپر اعتماد رہا ہے اور یہی وجہ ہے کہ آج ان کی للکار کی جو گونج ہم سُن رہے ہیں اُس سے یقین ہوتا ہے کہ اگر بڑھتی ہوئی آگ کا شعلہ کبھی ہمیں اپنی آغوش میں لے بھی سکے تو بھی ہم جل کر سونا ہی بنیں گے راکھ نہیں۔

ہمارے شاعروں نے آج اپنا قلم وقف کر دیا ہے اپنے مادرِ وطن کی جنگِ آزادی کیلیے اور ایک سپاہی کے روپ میں یہ بھی میدان میں اُتر آئے ہیں۔ انکا قلم انکی تلوار ہے ایسی تلوار جس کا پانی اپنوں کیلئے امرت اور دشمن کیلئے زہر ہے آج یہ جنگ و پیکار کے پُر ہول اندھیرے میں فراق گورکھپوری کی اس آواز پر کہ ؎

سخن کی شمع جلاؤ بہت اندھیرا ہے

اپنی آتش نوائی سے ایسی شعلیں جلا رہے ہیں جنکی روشنی میں فتح و کامرانی کی منزل صاف دکھائی دے رہی ہے۔

زیرِ نظر مجموعہ اس امر کا شاہد ہے کہ محبوب نگر کے اہلِ قلم بھی اس میدان میں کسی سے پیچھے نہیں بر صدی آویزش نے ان کے قلم کو بھی نیا موڑ دیا ہے بقول شاعر

آج شعلے جو بھڑک اُٹھے ہیں کہساروں میں آنچ اُن کی مرے افکار تک آپہنچی ہے

ان شعراء کے رشحاتِ قلم "للکار" کی صورت میں پیش کرتے ہوئے ادارہ فخر محسوس کرتا ہے۔

ہمارے ضلع کو اولیت حاصل ہے کہ اس سلسلے میں سب سے پہلا قدم اُسنے اٹھایا یقین ہے کہ ہماری یہ کوشش عوامی حلقوں میں بنظرِ تحسین دیکھی جائیگی اور اُمید ہے کہ اس اشاعت کا عملی خیر مقدم کیا جائے گا کیونکہ اس کی خالص آمدنی انجمن کی جانب سے ڈیفنس فنڈ میں دی جائے گی۔

محبوب نگر۔ ۱۶ ر جنوری ۱۹۶۳ء

بھڑکتے شعلے

(شگفتہ پھولوں کی آنچ)

٭ اُردو شعراء نے چین کے جارحانہ حملے
کے خلاف جوش و خروش پیدا کرنے کے لیے
نظمیں موزوں کی ہیں اور مختلف مقامات پر چین
کی مذمت کے لیے مشاعرے کیے جا رہے ہیں۔ اس
طرح شعراء رائے عامہ کی تربیت کے لیے اہم حصّہ
ادا کر رہے ہیں ٭

(پی۔ وی نرسمہاراؤ)
وزیر اطلاعات و تعلقاتِ عامہ

علی جلیلی

سرحدِ ہند پہ طوفان اُٹھانے والو زور طاقت کا تشدد کا دکھانے والو
ہاں خبردار قدم آگے بڑھانے والو
اپنے گلشن کی ہم اک چیز نہ چھننے دینگے پھول تو پھول ہیں کانٹے بھی نہ لٹنے دینگے

مصلحت وقت کی خاموش کئے تھی ورنہ میری للکار ابھی ہونٹ سے تھی ورنہ
کچھ سیاست ہی مری ڈھیل دئے تھی ورنہ
امنِ عالم کی قسم تیغ اٹھا سکتے ہیں بڑھتے بڑھتے تری دیوار تک آسکتے ہیں

آج تک پاس اہنسا کا کیا تھا ہم نے درس پنچ شیل کا بھی تجکو دیا تھا ہم نے
آجتک صبر سے بھی کام لیا تھا ہم نے
لیکن اب صبر کا پیمانہ چھلک اٹھا ہے ہم نے شعلہ جو دبایا تھا بھڑک اٹھا ہے

جھوٹا سکہ ترا اب اور نہیں چل سکتا ظلم انصاف کے ہاتھوں میں نہیں پل سکتا
دیکھ اب وقت کا فرمان نہیں ٹل سکتا
ہم دیئے خون سے پھر اپنے جلا سکتے ہیں اپنی راہوں سے ہمالہ بھی ہٹا سکتے ہیں

آریہ دیش کا ہم مان نہ جانے دیں گے   یہ چٹانیں یہ کہستان نہ جانے دیں گے
جان بھی جائے تو ہم آن نہ جانے دیں گے
گر بڑھے ہاتھ تو ڈس لیں گے ہم افعی بنکر   پاؤں اُٹھے تو لپٹ جائیں گے بیڑی بنکر

—●—

نوجوانو! تمہیں گنگا کی روانی کی قسم   نوجوانو! تمہیں جمنا کی جوانی کی قسم
آگرہ تاج کی خاموش کہانی کی قسم
آج دوشیزہ بھارت کی جوانی تم ہو   رام کی بھیم کی ٹیپو کی نشانی تم ہو

—●—

روحِ گوتم کی طہارت ہے تمہیں سے قایم   قلبِ گاندھی کی حرارت ہے تمہیں سے قایم
فکرِ نہرو کی جسارت ہے تمہیں سے قایم
آج پھر وقت کی للکار بلاتی ہے تمہیں   چین کے تیغ کی جھنکار بلاتی ہے تمہیں

عبدالرزاق خاں صولت

○

ہم نورِ صداقت سے دنیا کو سجا دیں گے
ہم داغِ رزالت کو دنیا سے مٹا دیں گے

بھارت کی حدوں سے بھی ہم تجھ کو ہٹا دیں گے
ہم عزم کے دھاروں سے ٹینکوں کو بہا دیں گے

گھس کر تری سرحد میں ہم آگ لگا دیں گے
ہم تیرا غرور اپنی توپوں سے اُڑا دیں گے

توہینِ شرافت ہے احسانِ فراموشی
معلوم نہ تھا ہم کو احسان بھُلا دیں گے

شمشیر سے لیں گے ہم غاصب سے زمیں اپنی
اور ہند کے نقشے میں تم چین ملا دیں گے

کیوں ہند کے شیروں کو ناحق تو جگاتا ہے
اُٹھ جائیں گے ہندی تو طوفان اُٹھا دیں گے

تعلیم سے بدھ مت کی، آئینِ محبت سے
گوتم کی زمیں کو ہم گلزار بنا دیں گے

ہم ہند کے مالک ہیں، ہم ہند کے وارث ہیں
دنیا کو دکھا دیں گے دنیا کو سُنا دیں گے

یہ نظم تری صولت آندھی ہے کہ طوفان ہے
سُن سُن کے وطن والے تلوار چلا دیں گے

نعیم القادری

○

شعورِ عدل کو معدوم کر دیا تو نے		سکونِ زیست کو موہوم کر دیا تو نے
فضائے امن کو مسموم کر دیا تو نے		نہ جانے کتنوں کو مغموم کر دیا تو نے

زمانہ اب تری روباہیوں کو جان گیا
لباسِ بز میں نہاں گرگ تھا یہ مان گیا

وہ دن بھی یاد ہے، مردودِ مجلسِ اقوام		کہ رکنیت کی تمنا میں تو رہا ناکام
ترے خلاف تھا جمہوریت کا ہر اقدام		ہمیں نے کی تری تائید یو، این، او میں مدام

ہماری سعیِ مسلسل اگرچہ جچ نہ سکی
ہے جائے شکر کہ کتے کو کھیر پچ نہ سکی

یہی خلوص و صداقت کا ہے صلہ شاید		ہے بیوفائی بھی اک قیمتِ وفا شاید
ہے پنج شیل کا دستور نام کا شاید		کہ قول و فعل میں ہوتا ہے فاصلہ شاید

جو بات سنئے تو ہر لفظ مخلصانہ ہے
عمل جو دیکھئے ہر فعل غاصبانہ ہے

نہیں ہیں جرأت و ہمت میں ہم کسی سے کم		ہمارا عزم ہمالہ سے بڑھ کے ہے محکم
کرو نہ چھیڑ کے شیروں کو ہند کے برہم		وگرنہ چینیو! سن لو ہمالیہ کی قسم

نہ رک سکیں گی کسی بند سے بھی یہ موجیں
جو کارزار میں پہنچیں گی ہند کی فوجیں

واسع عشقی

ہے لطفِ زندگی کا اس کی فضا میں پنہاں رکھوالے اس چمن کے ہم اس کے پاسباں ہیں
عیسائی ہوں کہ سکھ ہوں ہندو ہوں یا مسلماں ہندوستاں کے دل میں ہندوستاں کی جاں ہیں

یہ دیس ہے ہمارا، ہم اس کے پاسباں ہیں

نیفا ہو یا ہمالہ' ایلورا یا اجنتا گنگ و جمن کی سوگند اس تاج کی قسم ہے
اسکی محافظت میں جاں کی نہیں ہے پروا باپو کی اور جواہر کی لاج کی قسم ہے

یہ دیس ہے ہمارا، ہم اس کے پاسباں ہیں

خنجر بہیمت کا گھونپا فریب دے کر بھائی کا روپ لیکر انسانیت کے دل میں
ہم اپنی سادگی سے سمجھے اُسے برادر لاکھوں فریب شامل ہیں جس کی آب و گل میں

یہ دیس ہے ہمارا، ہم اس کے پاسباں ہیں

بھارت کی آبرو پہ خطرے کی آنچ بھڑکی ہم بھی گریں گے اُس پہ آفت کی برق بن کر
پروا نہیں کرینگے ہم اپنے سر کی دھڑ کی دشمن سے لیں گے ٹکر ہر ہر قدم پہ تن کر

یہ دیس ہے ہمارا، ہم اس کے پاسباں ہیں

رانا کی پرتھوی کی اکبر کی شان لیکر دم لیکے ہی رہیں گے توپوں کے منہ پلٹ کر
ٹیپو کی لکشمی کی بھارت کی آن لیکر ہر صف کو دشمنوں کی رکھدینگے ہم اُلٹ کر

یہ دیس ہے ہمارا، ہم اس کے پاسباں ہیں

اُٹھو قدم بڑھاؤ ماتا کی لاج رکھ لو بھارت کو ہے ضرورت خدمت کی نوجوانو
سر کو ہتھیلیوں پہ تم اپنے آج رکھ لو واسع کی بات سمجھو' واسع کی بات مانو

یہ دیس ہے ہمارا، ہم اس کے پاسباں ہیں

عبدالحبیب عیاں

○

جوانانِ وطن اپنا وطن ہے مثلِ جنت ہے　　بُری نظروں سے دیکھے اس کو کس میں اتنی ہمت ہے
تمہاری سرفروشی کی زمانے بھر میں شُہرت ہے　　تمہاری قوتِ بازو میں نہاں فتح و نصرت ہے
تمہاری تیغ آزادیِ انساں کی ضمانت ہے

تمہاری تیغِ جوہر دار سے واقف زمانا ہے　　شجاعت کا تمہاری سب کے ہونٹوں پہ ترانا ہے
اُٹھو اب بازوِ زور آزما کو آزمانا ہے　　چلو اب چینیوں کو اپنی سرحد سے بھگانا ہے
کمر کس لو کہ خطرے میں وطن کی آج عزت ہے

جوانو وقت آیا ہے لگا دو جان کی بازی　　دکھا دو سارے عالم کو کہ ایسے ہوتے ہیں غازی
وہ دیکھو چینیوں کے بھیس میں آئے ہیں پھر نازی　　زبوں حرکات انکے کر رہے ہیں ان کی غمازی
بتا دو سر پھروں کو ان کے سر کی کیا حقیقت ہے

بہادر نوجواں اپنے وطن کی جان ہوتے ہیں　　وطن کی آن ہوتے ہیں وطن کی شان ہوتے ہیں
ضرورت پر وطن کے واسطے قربان ہوتے ہیں　　اُنہیں کے خون سے سب مرحلے آسان ہوتے ہیں
انہیں کی کج کلاہی سے وطن کی شان و شوکت ہے

چلو ہتھیار لیکر سرحدوں پر نوجواں پہلے　　اُڑا دو دشمنِ ہندوستاں کی دھجیاں پہلے
بقولِ حضرت اقبالؔ شمشیر و سناں پہلے　　وطن کے واسطے سر کو کٹائے گا عیاں پہلے
شہیدوں کا مقدس خون آزادی کی قیمت ہے

دامودر ذکی

○

نیم ہیں نیم انہیں کون کہے گا چینی

چین، بھارت کو سکھی دیکھ کے جل اٹھتا ہے ملک گیری کی ہوس لیکے مچل اٹھتا ہے
ایک ایندھن جو فقط آگ کے بل اٹھتا ہے سرحدِ ہند کی تسخیر کو چل اٹھتا ہے
عزم ہے حکم ہمالہ پہ چلا دینے کا آگ کو شوق ہوا برف جلا دینے کا
جس زباں پر رہے جذباتِ اخوت کے قصاں آج اعلان گہہِ جنگ بنی ہے وہ زباں
اٹھ گئے پردے ہوئے سارے نظارے عریاں سربازار ارادوں کے کھلے رازِ نہاں
سطح پر آ ہی گئی بات کی کل گہرائی خانہ دل کی جو زینت تھی زباں پر آئی
ہے یہی طرزِ رفاقت تو خدا خیر کرے ہے یہی حالِ صداقت تو خدا خیر کرے
ہے یہی طور فراست تو خدا خیر کرے ہے یہی روحِ سیاست تو خدا خیر کرے
خانۂ عقل پہ پڑ جاتے ہیں اکثر تالے جبکہ ہوتے ہیں تباہی کے دن آنیوالے
ہو گئے صیدِ ہوس وارِ محبت پہ کیا امن کے سر پہ کیا، قلبِ رفاقت پہ کیا
دستِ الفت پہ کیا، دامنِ عزت پہ کیا کچھ خبر بھی ہے، یہ سب اپنی ہی قسمت پہ کیا
نیم ہیں نیم انہیں کون کہے گا چینی نیم کے پیڑ سے کیا آرزوئے شیرینی
تیری امید کے ہاتھ آئے تو یاس آئے گی دشمنی ٹوٹ کے روتی ہوئی پاس آئے گی
آرزو ملتی ہوئی ہاتھ اداس آئے گی اور رسوائی ترے عزم کو راس آئے گی
کہ ترا سکۂ اخلاص محض کھوٹا ہے تو نے اے چین بھروسے کا گلا گھوٹا ہے

قمر بلرامی

ڈوڈے اور سیہ رنگ کے اے کہسارو / سرحدِ ہند کی مضبوط ترین دیوارو
وادی و دامنِ کہسار کے اے گلزارو / ازلی ہند کی عظمت کے علَم بردارو
تم کو معلوم ہی ہم کو جو ہے الفت تم سے / یہ بھی ظاہر ہے کہ ہم کو جو ہے نسبت تم سے
ہم کبھی تم پہ کوئی آنچ نہ آنے دیں گے / تم کو ہم قبضۂ دشمن میں نہ جانے دیں گے
اس کو ناپاک قدم ہم نہ جمانے دیں گے / اپنی سرحد کی حدوں کو نہ مٹانے دیں گے
کھیل جائیں گے تمہارے لیے ہم جانوں پہ / لیکے ہتھیار چلے آئیں گے ہم شانوں پر
ہند کو کوریا سمجھو نہ ہی تبت سمجھو / ہند ہے جانِ ہمالہ اسے پربت سمجھو
جو ٹلائے نہ ٹلے سر سے وہ آفت سمجھو / ہند کی فوج کو تم موت کی دعوت سمجھو
اس شرارت سے اگر باز نہیں آؤ گے / اپنی سرتابی کی بھرپور سزا پاؤ گے
دیں گے قربانیاں بھارت کی حفاظت کیلئے / سر کو کٹوائیں گے ہم اپنی صیانت کیلئے
جان دیں گے بخوشی حق و صداقت کیلئے / ہوں گے تیار نہ ہم ہار کی ذلت کیلئے
آگ اگلتی ہوئی توپوں سے ڈراؤ نہ ہمیں / اپنی قزاقی کے قصوں کو سناؤ نہ ہمیں
اہلِ دنیا کو حقیقت یہ بتا دیں گے ہم / اپنی سرحد سے انہیں مار بھگا دیں گے ہم
ان درندوں کے پرخچے ہی اڑا دیں گے ہم / اس جسارت کا مزا خوب چکھا دیں گے ہم
اس لڑائی میں یقیں جیت ہماری ہوگی / فوج چھوٹی سی بڑی فوج پہ بھاری ہوگی
آئیے اب ذرا دیجیے گا توجہ بھی ادھر / اپنی آزادی کا مطلوب تحفظ ہے اگر
گوشِ دل سے ذرا سن لیجیے پیغامِ قمر / بہرِ آزادی لٹا دیجیے جان ولت و زر
عزمِ محکم کی لئے ہاتھ میں تلوار چلیں / بنکے سب سیسہ پلائی ہوئی دیوار چلیں

عبدالعزیز عزیز

○

میرے وحن کے نوجواں ــــــــــــ بن جاؤ گھر کے پاسباں

غفلت کا دامن چھوڑ دو، خطرے میں ہے ہندوستاں   وہ دیکھو بڑھ کر آ گیا، حرص و ہوس کا کارواں
وہ دیکھو بدلیں سرحدیں بدلے زمین و آسماں   طوفان بن کر آ گئے، وہ دشمنِ امن و اماں
منڈلا رہی ہیں سر پہ اب جنگ و جدل کی بدلیاں

میرے وطن کے نوجواں ــــــــــــ بن جاؤ گھر کے پاسباں

بھارت کے تم ہو نوجواں، تم ہی سے ہے شانِ وطن   دم سے تمہارے ہند میں پنچ شیل کی ہے یہ پھبن
ماتھا وقارِ ہند کا، ہونے نہ پائے پُر شکن   دشمن نہ آ کر لوٹ لیں تیرے وطن کا بانکپن
منڈلا رہی ہیں سر پہ اب جنگ و جدل کی بدلیاں

میرے وطن کے نوجواں ــــــــــــ بن جاؤ گھر کے پاسباں

نازاں تھی جس پر دوستی، وہ بن گیا ہے فتنہ گر   دشمن ہوا چین امن کا، آمادہ ہو کر جنگ پر
ہے آج طاقت آزما، ہندوستاں سے بے خطر   دیتا ہے اذنِ دوستی، لیکن بعنوانِ دگر
اعلان سمجھوتے کا ہے مکر و فریبِ جانستاں

میرے وطن کے نوجواں ــــــــــــ بن جاؤ گھر کے پاسباں

ہم ہیں پیمبر صلح کے، ہم امن کے گلزار ہیں   لیکن جب آئیں جوش پر، چلتی ہوئی تلوار ہیں
ہیں پھول اپنوں کے لیے دشمن کے حق میں خار ہیں   جا اب بھی واپس لوٹ جا اے چین ہم بیدار ہیں
ہم باغبانِ ہند یوں لٹنے نہ دیں گے گلستاں

میرے وطن کے نوجواں ــــــــــــ بن جاؤ گھر کے پاسباں

نصرت فاروقی

O

فردوسِ بداماں مرے بھارت کا چمن ہے   اِک گلشنِ شاداب سرِ گنگ و جمن ہے
کشمیر کا سرسبز ہر اک سرو سمن ہے   ہر فرد یہاں شاد ہے فرحاں ہے۔ مگن ہے
آسام ہے۔ گجرات ہے۔ دِلّی ہے۔ دکن ہے
یہ میرا وطن، میرا وطن، میرا وطن ہے

یہ تاج محل عظمتِ الفت کی کہانی   یہ لال قلعہ شوکتِ ماضی کی نشانی
ایلورہ کے ترشے ہوئے پتھر کی جوانی   ہے مصر سے یونان سے روما سے پرانی
سنیئے مری تاریخ اجنتا کی زبانی
یہ میرا وطن، میرا وطن، میرا وطن ہے

ممنون مرے دیس کا ہے سارا زمانہ   گاتا ہے ہر انساں مری عظمت کا ترانہ
ہر رنگ ہے بے مثل، ہر انداز یگانہ   اس سادگی و فقر میں ہے شانِ شہانہ
نصرت یہ حقیقت ہے نہیں کوئی فسانہ
یہ میرا وطن، میرا وطن، میرا وطن ہے

لیکن مری جنت کو جہنم نہ بناؤ   اس قصرِ محبت کو کدورت سے نہ ڈھاؤ
ناپاک قدم پاک زمیں پر نہ جماؤ   للچائی ہوئی آنکھ نہ اِس سمت اٹھاؤ
اے چین کے شوریدہ سرو لوٹ ہی جاؤ
یہ میرا وطن، میرا وطن، میرا وطن ہے

قاری محمد عبدالکریم تسکین

کتنی جابر، کتنی ظالم ہے حکومت چین کی
آشکارا ہوگئی سب پر حقیقت چین کی

ہند پر حملہ کیا ہے جارحانہ چین نے
ہو رہی ہے ساری دنیا میں مذمت چین کی

جنگ بندی کا کیا ہے اُس نے اعلان تو مگر
بدلی بدلی سی نظر آتی ہے نیت چین کی

ہند کی تائید نے اس کو کیا تھا سربلند
لیکن اب قعرِ مذلت میں ہے عزت چین کی

جاگ اُٹھا ہند سارا لے کے تلوار و تفنگ
اب بڑھے آگے کہاں ہے اتنی ہمت چین کی

ایک دن مغرور کا ہوتا ہے سر نیچا ضرور
ہو رہی ہے ہر طرف دنیا میں ذلت چین کی

زعمِ باطل ختم ہو کر ہی رہے گا ایک دن
خاک میں مل جائیگی سب شان و شوکت چین کی

جس پہ تھا اپنا بھروسہ، جس پہ اپنا اعتبار
آستیں کا سانپ نکلی وہ محبت چین کی

خاتمہ کرنا ہے تسکیں اب تو جبر و ظلم کا
چار دن میں دور ہو جائیگی دہشت چین کی

محمد عبدالرحمن آواز

○

چینیو! دور رہو امن کے گہواروں سے   آ کے ٹکراؤ نہ تم ہند کی دیواروں سے
کون ڈرتا ہے یہاں مکر کی تلواروں سے   دیکھو تیار ہیں ہم عزم کے ہتھیاروں سے

دشمنو! موت نے شاید تمہیں للکارا ہے
تم نے کیا سوچ کے سرحد پہ قدم رکھا ہے

پرچمِ حق و صداقت کو اٹھا سکتا ہوں   سطوتِ چین کو مٹی میں ملا سکتا ہوں
آدمیت کو درندوں سے چھڑا سکتا ہوں   ہندِ آزاد کی سرحد کو بچا سکتا ہوں

یاد رکھو تمہیں افسانہ بنا ڈالوں گا
نام تاریخ کے صفحوں سے مٹا ڈالوں گا

ساتھیو! آؤ کہ منہ ظلم کا کالا کر دیں   ایسے ظالم کی زمیں کو تہ و بالا کر دیں
کاٹ کر جنگ کی راتوں کو اجالا کر دیں   عظمتِ ہند کو دنیا میں دوبالا کر دیں

آج پھر مرحلۂ دار و رسن آیا ہے
سرحدِ ہند پہ اک ابرِ سیہ چھایا ہے

آج دشمن کے لیے آہنی دیواریں ہیں ہم   خون آشام چمکتی ہوئی تلواریں ہیں ہم
آج امڈے ہوئے طوفان کی اک دھار ہیں ہم   ہر طرف سے یہ صدا آتی ہے بیدار ہیں ہم

نوجوانو! ہو کفِ زیست میں اب جامِ عمل
ہے یہ آواز کا ہر ایک کو پیغامِ عمل

احمد عبدالحمید خان حمید

قطعہ

وہ چین کے حرفوں کو اُلٹ کر دیکھیں
جو چین کی فطرت کو سمجھنا چاہیں
جو لفظ بنے اُس کی وہی فطرت ہے
یعنی کہ رہیں نیچ کی نیچی راہیں

●

وہ دیکھ سرِ گردوں کچھ ابر سا چھایا ہے
سرحد پہ قدم اپنا دشمن نے بڑھایا ہے
بھارت کے جوانو تم اب ہوش میں آ جاؤ
بیدار ہو غفلت سے، دام اُس نے بچھایا ہے
کچھ ایسا چھلک جائے اب صبر کا پیمانہ
دیوار کو پگھلا دے جو چین کی مایا ہے
وہ چین جسے ہم نے محبوب بنایا تھا
افسوس ستمگر اُس نے ہم کو ہی بنایا ہے
ہم پیچھے ہٹا دیں گے بڑھتے ہوئے قدموں کو
کیا سوچ قدم اُس نے اِس سمت بڑھایا ہے
ہم مار بھگا دیں گے اِس ظلم کے بانی کو
دن رات یہی سودا اب سر میں سمایا ہے
یہ عزم حمید اپنا محکم ہے یقیں محکم
پلٹے نہ قدم اپنا ہم نے جو اُٹھایا ہے

●

ہندوالے چین کی چالوں میں آ سکتے نہیں
سر کٹا سکتے ہیں لیکن سر جھکا سکتے نہیں

شکیل بدایونی

محمد یعقوب یعقوبؔ

○

اے طائرو! اُٹھو کہ ہے لٹنے کو آشیاں
سرحد سے اُٹھ رہی ہیں قیامت کی آندھیاں
وہ دیکھو گھر کے آئے ہیں بادل فریب کے
وہ دیکھو کوندتی ہیں تشدد کی بجلیاں

ہے چین باغِ ہند کا گلچیں بنا ہوا
آج اُس کی ہر روش پہ ہیں ریشہ دوانیاں
سینچے تھے ہم نے اپنے لہو سے جو پھول پھل
ہے آج انہیں پہ بدلی ہوئی چشمِ دشمناں

اُف دوستی کی آڑ میں کی ہے یہ دشمنی
امن و اماں کے نام پہ ہیں فتنہ سازیاں
دیتا ہے درس یوں تو محبت کا امن کا
لیکن عمل کی راہ میں ہیں جنگ بازیاں

اِک دشمنِ عظیم کا ہے گرچہ سامنا
لیکن ہمارا عزم بھی کچھ کم نہیں جواں
رکھیں گے اپنے ملک کی عظمت کی لاج ہم
ہم پاسبانِ ہند ہیں، وہ اپنا پاسباں
یعقوبؔ کے بیاں میں ہیں پنہاں حقیقتیں
تاریخ کے ورق ہیں، نہیں ہے یہ داستاں

فاروق راہی

یہ مرا دیس ہندوستان ہے، جاں سے پیارا یہ جانِ جہاں ہے
جنگ و شک کی گھٹی سی فضا میں امن کا گیت جو گا رہا ہے
کوئی کھٹکا کپٹ کا نہ چھل کا، کوئی جھگڑا نہ رنگ اور دل کا
مثلِ گنگا پوتر اور نرمل، ایک دریا بہا جا رہا ہے
یہ اشوک اور گوتم کی بستی، وقفِ الفت رہی جن کی ہستی
ہم کہ انسانیت کے محافظ اور تو ہم کو دھمکا رہا ہے
تیری جانبازیاں کس لئے ہیں، میری جانبازیاں کس لئے ہیں؟
کس لئے آج تو سرحدوں پہ، موت کی آگ بھڑکا رہا ہے
امن و الفت کے ہم ہیں پجاری فیض اپنا ہے صدیوں سے جاری
ایک تو ہے کہ نفرت کا طوفان تیرے دل میں بڑھا آ رہا ہے
دوستی ہے ہماری پرانی یہ حقیقت ہے نہیں یہ کہانی
پیار کے تو تناور شجر کو تیغِ نفرت سے کٹوا رہا ہے
پھینک دے آتشیں اسلحوں کو، آ لگا لے گلے ہندیوں کو
بھول کو اپنی تسلیم کرنے کس لئے آج شرما رہا ہے
ہم محافظ ہیں امن و اماں کے، ایشیا ہی نہیں کل جہاں کے
کون ہے دشمنِ امن و الفت جو تجھے ہم سے بہکا رہا ہے
گرچہ کھیلی گئی خوں سے ہولی بھول جائیگی یہ قوم بھولی
لیکے پیغامِ امن و اماں تو دل کی دنیا پہ کیوں آ رہا ہے

دبی چنگاریاں

(نوخیز کلیوں کی تڑپ)

○

اُٹھو دکن کی اُور سے　　گنگ و جمن کی اُور سے
پنجاب کے دل سے اُٹھو　　ستلج کے ساحل سے اُٹھو
مہاراشٹر کی خاک سے　　کشمیر کے باغات سے
نیفا سے راجستھان سے　　کُل خاکِ ہندوستان سے
آواز دو　　ہم ایک ہیں
ہم ایک ہیں

(جاں نثار اختر)

صادق علی فریدی

○

کل تلک تھی بھارت کو جن کی دوستی پیاری
آج کر کے آئے ہیں جنگ کی وہ تیاری
ہم کہاں سے سمجھے تھے ان کی سب وہ عیاری

ہم بھی نام دنیا سے چین کا مٹائیں گے
دوستی سکھائی تھی، دشمنی سکھائیں گے

ہم نے نیک جذبے سے لاج اپنی دھر دی تھی
دشمنی کی گودی بھی دوستی سے بھر دی تھی
دوستی کے پردے میں جاں بھی نذر کر دی تھی!

آج تیرے حملے سے، تیری بات باقی ہے
اعتبار اٹھتا ہے، آس مات کھاتی ہے

ہند و چین آپس میں ہیں سدا سے ہمسائے
آج اس کی حرکت سے دوسرے بھی شرمائے
کاش چین اتنا ہی آج ہم کو سمجھائے

ہم نے خون دل دے کر جس چمن کو سینچا ہے
اُس نے اپنے نقشے میں اس کو کیسے کھینچا ہے

ہند کا ہر اک بچہ طاقت اپنی ساری ہے
حق کا وہ نمونہ ہے، امن کا پجاری ہے
ایک تو ہے وہ لیکن چار پر بھی بھاری ہے

آج نوجوانوں میں ایسا جوشِ مستی ہے
کیا مجال چینی کی، اس کی کتنی ہستی ہے

سیّد قطب الدین شاکر

○

مقدس یہ زمیں ہندوستاں کی، یہاں بیکار خوں بہنے نہ پائے
یہ جس کی خاک میں باپو نہاں ہے
یہ جس کا ذرّہ ذرّہ آسماں ہے
اہمسا فطرتِ ہندوستاں ہے، یہاں ہمسا کی بدلی اب نہ چھائے
پرانی دوستی اُس نے بھلادی
حمایت ہند کی اُس نے بھلادی
فریبی چین کا اے ہند والو کوئی مکر و فسوں چلنے نہ پائے
وطن کے واسطے جینا ہمیں ہے
اسی ساغر کی مے پینا ہمیں ہے
ضرورت ہے ہمیں زندہ دلی کی اٹھو تم ہاتھ میں تلوار اُٹھائے
مقدس تربتی کاشی و گنگا
قطب مینار، ایلورا، اجنتا
ہمارے دیش کی ہیں سب نشانی، قدم کوئی نہ اس جانب بڑھائے
یہ وقتِ امتحاں ہے نوجوانو!
کمر باندھو وطن کے پاسبانو!
نکالو امن کے دشمن کو گھر سے، سر اس کا پھر کبھی اٹھنے نہ پائے

سید حلیم الدین احمد بابر

○

اے چین خبردار قدم اب نہ بڑھانا

پچھتائے گا گر تو مری راہوں میں اڑے گا
تو ظلم کی بنیاد پہ کیا خاک لڑے گا

نیفا کے علاقے سے تجھے کوچ ہے کرنا
لداخ سے پیچھے تجھے ہٹنا ہی پڑے گا

اے چین خبردار قدم اب نہ بڑھانا

بھارت کی مقدس یہ زمیں رشکِ جہاں ہے
حق اور صداقت کا علم جس کا نشاں ہے

ہم چین کی بیداد سے آج اپنے وطن کو
جاں دیکے بچالیں گے یہ بابر کا بیاں ہے

اے چین خبردار قدم اب نہ بڑھانا

محمد محسن علی محسن

نظر ہے چین کی بدلی ہوئی ہوشیار ہو جاؤ
جوانو! جان دینے کے لئے تیار ہو جاؤ

وہ دیکھو بڑھ کے دشمن آگیا ہے اپنی سرحد پر
اٹھو اب خوابِ غفلت سے اٹھو بیدار ہو جاؤ

وطن کی راہ میں بازی لگادو اپنی جانوں کی
بڑھو آگے بڑھو چلتی ہوئی تلوار ہو جاؤ

ڈبو دو ظلم کی کشتی کو ناکامی کے دریا میں
اجل بن کر اٹھو منجدھار کی تم دھار ہو جاؤ

وطن پر آج محسن امتحاں کا وقت آیا ہے
اٹھو طوفان بن کر قت کی للکار ہو جاؤ

ابراہیم علی خلیل

اے نوجواں تیار ہو اب باندھ کر سر سے کفن
چل اے وطن کے پاسباں تجکو بلاتا ہے وطن
کرنا ہے سر نیچا تجھے اِک دشمنِ مغرور کا　　تو کھول کر رکھدے بھرم اس چین کے دستور کا
منہ کالا ہو جائے تشدد کی شبِ دیجور کا　　عزم جواں تپ کر ترا بن جائے شعلہ نور کا
حُبِ وطن کی ہر طرف سے پھوٹ نکلی ہے کرن
چل اے وطن کے پاسباں تجکو بلاتا ہے وطن
وہ ہیں پہلواں گر تو ہم بھی سورما سے کم نہیں　　ان چینیوں کی دھمکیوں سے ڈرنے والے ہم نہیں
ہم پیکرِ امن واماں آگے کسی کے خم نہیں　　ہم ہیں چٹانیں عزم کی کچھ ہم کو فکر و غم نہیں
اب قافلے ہیں باخبر لوٹیں گے کیا یہ راہزن
چل اے وطن کے پاسباں تجکو بلاتا ہے وطن

عبدالحی اقبال عزیز

سحر کے نور نے جس کو چھپا کے رکھا ہے　　وہ چاند شب کی سیاہی میں ضوفشاں ہوگا
بنیں گے نقش قدم جس کے رہبر منزل　　وہ اپنے عزم تحفظ کا کارواں ہوگا
فریبِ چین سے حیراں ہیں پاسبانِ وطن　　کہ کارواں ہلاکو پھر اب رواں ہوگا
تجھے خبر بھی ہے ؟ اے ننگِ سینۂ ہستی　　ترا مقام زمانے میں اب کہاں ہوگا
لکھیں گے سینۂ دوراں پہ ہم وہ افسانہ
زبانِ امن سے جو ایک دن بیاں ہوگا

سراج الدین سراج

اڑائی ہے ہنسی تونے وفا کی وفا کی جنگ سے قیمت ادا کی
محبت دوستی سے ابتدا کی کیا تجھ پر بھروسہ۔کیا خطا کی

وفا کی بات کب تو نے نباہی بنام دوستی ایسی تباہی
سدا تاریخِ عالم کی سیاہی ترے کرتوت کی دیگی گواہی

یہ کہتا ہے سراج اب مسکرا کے کہ اے چین اب بڑھنا تیغ اٹھا کے
وگرنہ دیکھ رکھ دیں گے مٹا کے تجھے لداخ و نیفا سے ہٹا کے

محمد عمر منعم

اب ہمیں عزم کی مشعل کو جلانا ہوگا چین کا بڑھتا قدم پیچھے ہٹانا ہوگا
تشنگی موت کی شاید اُسے لائی ہے یہاں آبِ شمشیر سے پیاس اسکی بجھانا ہوگا

کون ہے چین آج یار ترا خاک میں مل گیا وقار ترا
امن سے تُو نے دشمنی کی ہے کھو گیا سارا اعتبار ترا

محمد سلطان شاہد

○

چین اب تیرے چراغ اور نہیں جل سکتے
ہم بہادر ہیں ارادے سے نہیں ٹل سکتے

اب عزائم ترے مکار! نہیں چل سکتے
اپنے دشمن کو سرِ راہ کچل سکتے ہیں
ہم اگر چاہیں زمانے کو بدل سکتے ہیں

ہم وطن کے لیے کب جان کی قیمت سمجھے
سرحدِ ہند پہ مرنے ہی کو عزت سمجھے

گلشنِ ہند کو اک گوشۂ جنت سمجھے
قوم اب ہاتھ میں تلوار اٹھا سکتی ہے
سرحدِ ہند سے دشمن کو بھگا سکتی ہے

درسِ چنگیز کا دنیا کو سکھانے والو
اپنے ہمسائے کا احسان بھلانے والو

خونِ انسان کا یوں مفت بہانے والو
اپنی عزت کا بھی کچھ پاس تجھے ہے کہ نہیں
اپنی بدنامی کا احساس تجھے ہے کہ نہیں

سید اکرام علی ساحل

○

دشمنوں کے خوں سے ہولی کھیلنے
لیکے ہم نکلے ہیں تیغِ بے نیام
اپنی ہمت پر بھروسہ ہے ہمیں
چین پہ ہم چین کر دیں گے حرام

محمد غوث مہر

⊚

بھارت کے نوجوانو ہمت سے کام لینا
یہ وقتِ امتحاں ہے جرأت سے کام لینا
آرام ہے حرام اب محنت سے کام لینا
آگے ہی بڑھتے جاؤ بھارت کے نوجوانو

وہ دیکھو سرحدوں پر چینی اُمنڈ کے آئے
بیدار ہو جوانو تیغ و تفنگ اُٹھائے
رہ جائے اپنی عظمت جاتی ہی جان جائے
کچھ کام کر دکھاؤ بھارت کے نوجوانو

بھارت ہے باغ اپنا ہم اس کے باغباں ہیں
دیکھے اِدھر نہ کوئی ہم اس کے پاسباں ہیں
جو حوصلے ہیں ہم میں وہ چین میں کہاں ہیں
بھارت کے کام آؤ بھارت کے نوجوانو

عبدالرحیم خان اطہر

⊚

سُن لے اے چین کے چو این لائی
موت تیری تجھے یہاں لائی
عقل سے ہو گیا تو بیگانہ
تو ہے سودائی، تو ہے دیوانہ
حوصلہ رکھتے ہم ہیں جینے کا
تیغ کا پانی تیری پینے کا
یاد رکھ تو کہ حملہ آور ہے
تو کہ چنگیز سے بھی بڑھ کر ہے
تیرے وعدوں کا اعتبار نہیں
تیری اک بات کو قرار نہیں
ہم زمانے کو یہ بتائیں گے
ساری دنیا کو یہ سنائیں گے
جان اطہر وطن پہ دینا ہے
جوش و ہمت سے کام لینا ہے

ہم نے شمشیر اُٹھائی ہے صداقت کیلئے
امن و تہذیب و شرافت کی حفاظت کیلئے

روش صدیقی